# Les grands-parents

Texte de Stéphanie Ledu
Illustrations d'Axelle Vanhoof

MILAN

*Baboula* et *dedoula* en Russie,
*nainai* et *yéyé* en Chine,
*nonna* et *nonno* en Italie...

Tu as deviné, ce sont les grands-parents !

On peut les appeler **mamie** et **papi**, ou leur donner un petit nom rien qu'à eux : *maminette* et *papou*, *mamig* et *papijo*… Et, toi, comment appelles-tu les tiens ?

Tes grands-parents connaissent l'**histoire** de ta famille.
Ils peuvent te la raconter ! Regarde des photos avec eux...

Les voici le jour de leur mariage.
Ce tout petit bébé, c'est ta maman.

Et là c'est elle aussi, lors de sa première rentrée à l'école. Quel voyage dans le temps !

Leur maison est remplie d'objets qui ont, eux aussi, une histoire.

« C'est quoi, ça, papi ?
– Mon premier sac, quand j'étais un jeune facteur. Et, ça, c'est la coupe que j'ai gagnée au foot en 1970 ! »

Mamie, elle, a gardé la poupée à qui maman avait coupé les cheveux. C'était vraiment une grosse bêtise... « Allez, **raconte**, mamie ! »

Papi et mamie, eux aussi, ont été des enfants.
Alors, **c'était comment** quand ils avaient ton âge ?

Mamie allait à l'école de filles, papi à l'école de garçons.

À la récré, papi jouait aux billes et au foot.
Tiens, ça, ça n'a pas changé !

Certains grands-parents travaillent, d'autres sont déjà à la **retraite**. Mais presque tous aiment passer du temps avec leurs petits-enfants.

Attention, pas question de faire n'importe quoi !
Même si mamie t'adore, elle sait faire les gros yeux.

Chez eux, tu te sens aussi
chez toi. Un chagrin, un bobo ?
Ils savent t'écouter et te consoler.

Avec papi et mamie,
impossible de s'ennuyer.

Ils sont très forts pour **partager** leurs activités favorites. Que va-t-on faire aujourd'hui ? Aller voir une expo de peinture ? Cuisiner un bon petit plat ou réparer ton vélo ?

De ton côté, tu peux aussi les **aider**.
Arroser les tomates ou chercher les lunettes égarées par mamie… « Merci, c'est gentil ! »

Tu aimerais peut-être avoir tes grands-parents pour toi tout seul. Mais, si tu as des frères et sœurs ou des cousins, te voilà obligé de les partager.

Eux n'ont pas de chouchou. Ce qu'ils préfèrent, c'est quand toute leur tribu de petits-enfants est réunie, pour un week-end ou les vacances. Quelle ambiance !

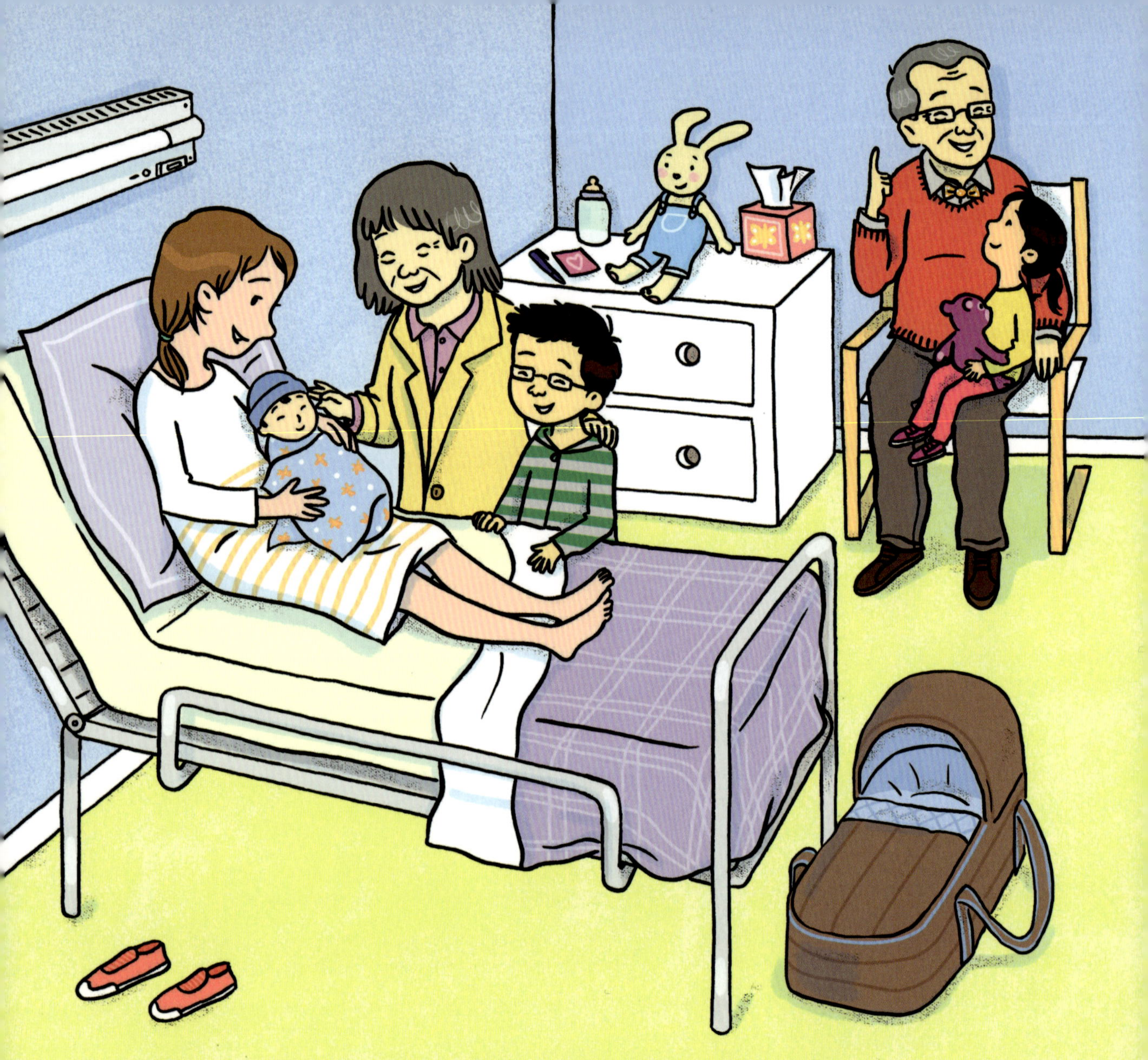

Chaque fois qu'un bébé naît dans la famille,
les grands-parents sont ravis.

Toi, tu es peut-être un peu **jaloux** de ton petit frère ou de ta petite sœur… C'est normal, mais pas d'inquiétude : papi et mamie sont toujours là pour te cajoler.

Et si tu leur demandais :
« Vous vous **souvenez** quand, moi, je suis né ? » ?

Maintenant, rendons visite aux personnes les plus âgées de la famille : tes arrière-grands-parents.

Ce sont les parents de tes grands-parents.
Ils vivent parfois en maison de retraite,
où ils sont aidés dans leur vie de tous les jours.

L'aide-soignant trouve que tu as les mêmes yeux que ta mamie et ton arrière-grand-maman. C'est vrai, il y a un air de ressemblance !

Regarde : ton arrière-grand-maman s'est amusée à faire son **arbre généalogique**. C'est un tableau où on peut voir les noms des gens d'une même famille à travers le temps.

Ton arrière-grand-maman a peut-être des souvenirs de ses propres grands-parents, Zélie et Aimé, qu'elle a connus quand elle était petite. Eux étaient nés il y a environ 120 ans…

Est-ce que toutes les familles du monde se ressemblent ? Pas tout à fait.

Dans certains pays d'**Asie**, comme au Japon ou en Corée, plusieurs **générations** vivent sous le même toit. Chaque jour, grands-parents, parents et enfants prennent soin les uns des autres.

À l'entrée de la maison se trouve un autel. On y fait brûler de l'encens en l'honneur des **ancêtres** disparus, pour garder leur souvenir vivant.

Dans la brousse africaine, les enfants sont élevés par tout le village.

Les personnes âgées ont plein de choses à apprendre aux plus jeunes, d’histoires à leur raconter, de conseils de sagesse à leur donner...

Les anciens sont un peu considérés comme les grands-parents de tous les enfants !

Dans très très longtemps, tu deviendras peut-être parent, puis grand-père ou grand-mère.

Que feras-tu avec tes petits-enfants ?
Difficile de le deviner...

Mais, à ton tour, tu pourras leur raconter qui étaient tes grands-parents et ce que tu faisais avec eux.

Et tu auras sûrement autant d'**amour** à donner à tes petits-enfants que tes papis et mamies en ont pour toi aujourd'hui !

Découvre tous les titres de la collection

# Mes P'tits DOCS

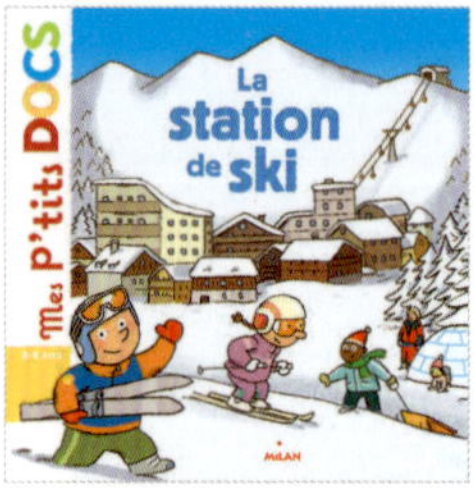

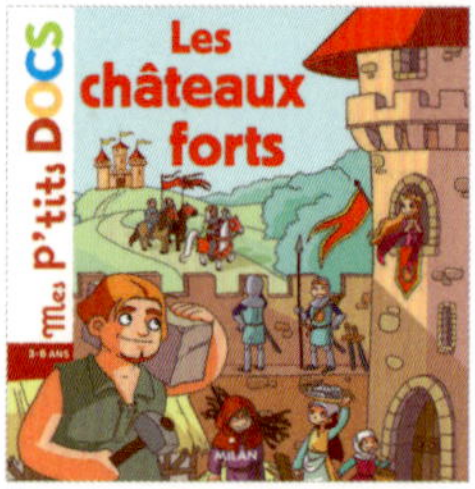

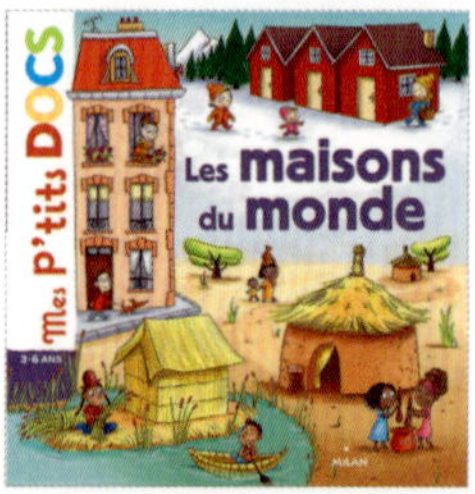